# *S.T.U.D.*

*-A Shared Testimony of Unashamed Deliverance-*
*Un Testimonio de Liberación Sin Reservas*

## *Venus L. Burton*

# Conociendo a Venus 'VLB' Burton

Venus L. Burton
es Fundadora y Presidenta de:

## -Kickin' Back with Christ Ministries-
## Ministerios Contraatacando con Cristo

*Kickin' Back with Christ* (*KBC*) es un medio de comunicación cristiano y ministerio de gente joven, llena del Espíritu Santo, dedicado a hacer la obra del Señor a través de Hip Hop entertainment television –Entretenimiento Televisivo Hip Hop. La misión de KBC es alcanzar la juventud de hoy y trasladarla a la salvación por medio del conocimiento de Cristo. El ministerio KBC provee a los jóvenes cristianos una plataforma para compartir sus dones, talentos y testimonios, por medio del canto, poesía, deportes, danza, producción de música y actuación, haciendo todo esto para la gloria del Señor.

A una temprana edad, la música resultó ser la salvación de Venus, ya que la condujo a su inmersión total en la industria de la música secular. Desde el 2005 al 2011, Venus fue una rapera, compositora y productora musical. Ella también fue el agente de relaciones públicas de un artista muy bien reconocido. A lo largo del camino, Venus asistió a clases de la compañía Time Warner Cable, siendo formada por el productor/director Ron E. Roberson, ahora presentador de las noticias CNN.

Venus rededicó su vida al Señor en el año 2011 y empezó a trabajar para El utilizando varios métodos; entre ellos el rap Cristiano. En ese mismo año, Dios le dio el nombre para un grupo de rap: *God's Original Plan -El Plan Original de Dios-* con el mandato de alcanzar a los perdidos a través del canto. God's Original Plan (GOP) pronto ministró en todo el Sur de California, desde las instalaciones de correccionales juveniles y de adultos, hasta el Maratón de Los Angeles y de la Organización Salvation Army; además de varias iglesias locales y programas de televisión en vivo, tales como Speak.

Venus también es la fundadora de *Raise the Mic – Levanta el Micrófono-* en donde la poesía se une con el rap, cuyos segmentos son transmitidos por estaciones de cable local. En el 2012, Venus completó la primera producción de GOP titulada *Salvation (Salvación)*. Asimismo, Venus está trabajando en su nuevo álbum como solista titulado *Elevation (Elevación)*. Venus no toma ningún crédito de lo que Dios ha hecho en su vida, ¡ella le da toda la Gloria a Dios!

En el año 2013, parece que Dios expande la medida de los dones de Venus de la misma forma, ahora hacia la escritura. S. T. U. D. *-A Shared Testimony of Unashamed Deliverance, Un Testimonio de Liberación Sin Reservas,* es la historia dinámica, cruda y desgarradora de la controvertida senda de vida de Venus, su supervivencia...

# Y triunfo final

# Dedicación

Este libro es dedicado a mis queridos abuelos, mi Abuela Bernice Burton (11/22/27 – 4/18/90), y mi Abuelito Roscoe Burton (11/29/25 – 01/25/2013), ¡Descansen en Gloria!

Ustedes no solamente están en mi pasado; ¡Sino también en mi futuro!

Unase a nosotros en la parte posterior y vea en exclusivo algunas de las fotografías del ¡álbum de Venus!

# Tabla de Contenido

# Comentarios de la Comunidad

¡Vaya! ¡Una lectura muy buena! ¡La gente será conmovida y quedarán boquiabiertos! ¡Venus Burton si que ha pasado por algunas cosas! Conforme leí de un capítulo a otro, he quedado sorprendido de tantas cosas que Venus Burton ha experimentado en su vida. ¡No quería dejar de leer el libro, aunque estaba cansado de un largo día! Gracias a Dios que Venus hizo una decisión consciente para cambiar su vida antes de que fuera ¡demasiado tarde! Este libro va a hacer *un impacto* en las vidas de aquellos que todavía están luchando en este estilo de vida. Debido a su confianza, creencia, convicción, y liberación de las *cosas pasadas*, Dios hizo *algo nuevo* en la vida de Venus Burton. ¡Gracias Jesús!

*Ministerios Tony Davis*
*Artista Reconocido*
*Fundador de los Eventos 'Stop the Violence with Tony Davis'*
*(Un Alto a la Violencia con Tony Davis)*
*Y Pastor Principal de 'Walking by Faith Christian Fellowship'*
*(Compañerismo Cristiano 'Caminando por Fe'*
*www.TonyDavisGospel.com*

¡Este es un libro que se debe leer! Si usted es homosexual, recto o indiferente, este libro le dará una nueva perspectiva sobre la homosexualidad. Estoy atónita por el engaño del enemigo y cómo él viene a ¡robar, matar y destruir! Pero Dios se interpone e ¡interviene! ¡Estoy *tan orgullosa* de la recuperación y transformación de Venus! Dios es bueno más allá de lo que nos imaginamos.

*Evangelista Danielle Williams*
*Ex-Estrella de Pornografía y autora de 'From Porn to the Pulpit'*
*(De la Pornografía al Púlpito)*
*www.ministerdaniellewilliams.com*

Un testimonio tan profundo de ¡liberación divina, sanidad, restauración y propósito de Dios! Este libro es una inspiración y palabra de aliento para todo aquel que lo lea. Contra toda esperanza, que su esperanza esté en Dios. ¡Crea!

*Pastora Jessica Downton*
*Holy Spirit Fiyah Movement (Movimiento del Espíritu Santo Fiyah)*
*E-mail: HolySpiritFiyah2013@gmail.com*

Este libro es cautivante, así como también ¡un cambio de vida! Venus ha escrito en este profundo libro, la cruda realidad sobre su vida y lo que Dios ha hecho por ella. S.T.U.D. pondrá al lector en la dirección correcta hacia la libertad si él lo permite y deja que la voluntad de Dios se establezca en su vida. He sido bendecido al leer este libro. Me sentí profundamente conmovido por la compasión de Dios por el perdido, y he visto en otra dimensión, el amor incondicional de Dios hacia su preciosa creación. Gracias, Venus, por abrir tu corazón compartiendo tu historia y permitir que el Señor Jesús te transformara en la mujer que fuiste creada, para ser una ¡persona impresionante!

*Pastor Gail Caprietta*
*Co-Pastor de Divine Ministries*
*(Ministerios Divino)*
*www.divineministriesinc.org*

Estoy emocionado y absolutamente con un corazón humilde por la oportunidad de promover el nuevo libro de mi hermana en Cristo, Venus Burton, titulado "STUD". Este libro viene realmente de un corazón muy puro y me ha dado, así como a muchos otros, una nueva perspectiva de un mundo que es extraño para mí (Hechos 4:29), ya que expone con toda valentía al espíritu de la homosexualidad. Quiero animar a todos a obtener este libro. Le garantizo que cambiará su vida.

*Sean James*
*Creador de la Película/Director de: Tumultuous (Tumultuoso)*
*Conversations between Spirits of Suicide & Victims*
*(Conversaciones entre Espíritus de Suicidio y las Víctimas)*


Finalmente terminé de leer el libro y realmente lo disfruté. Me ha ayudado a entender por qué mi hija está actuando de cierta forma. Le pediré que lo lea y que mantengamos una línea de comunicación abierta entre nosotras. Estoy tan orgullosa de ti, Venus. Por favor deja que Dios siga usando tu vida.

*Monique Foster*
*Maestra, Intérprete de Lenguaje por Señales*

# *Prólogo*

Este libro puede ser un poco difícil de leer para algunos, y muchos probablemente no estén de acuerdo con lo que escribí, mi intención no es disculparme por el pecado. Los pecados son las artimañas y mentiras del enemigo. Mi oración es que en todo aquel que lea este libro, la Verdad de Dios prevalezca... Todas las jovencitas, las damas femeninas, ustedes son la niña de los ojos de Dios... y El las ha creado para ser hermosas. Vamos a pararnos firmes y estar orgullas de lo que Dios nos ha hecho... ¡UNA MUJER! Y para mis hermanos, varones, hombres y la semilla masculina... para ser ¡HOMBRES!

Esta es mi historia. Camine conmigo y acompáñeme a atravesar mis callejones oscuros así como el valle dorado de nuevos comienzos... Sabe que éste puede ser un nuevo comienzo para usted también, de confiar y creer que Dios puede hacer lo mismo por ¡USTED! El no hace acepción de personas. ¡Nadie es mejor que alguien más! ¡Todos somos mejor de lo que solíamos ser!

Señor, te agradezco tanto por salvarme.
¡Este libro no hubiera sido posible sin TI!

Recuerde, no es lo que usted ve
por fuera…
Es Cristo en usted,
¡La esperanza de Gloria!

*Colosenses 1:27*

# Capítulo 1

# *Pensamientos Cautivos*

Del gueto a los suburbios, todos nacemos en pecado. Los pecados son las cosas que son impuras ante Dios. Tener demasiado de cualquier cosa no es bueno para nosotros.

Echemos un vistazo a la cocaína.... Varias cosas suceden cuando usted consume cocaína. Se obtiene un instante elevado y su corazón late demasiado rápido. La cocaína tiene fuertes efectos negativos sobre el corazón, el cerebro y las emociones. Muchos consumidores de cocaína caen como presa de la adicción, con consecuencias a largo plazo y que amenazan sus vidas. Incluso los consumidores ocasionales corren el riesgo de una muerte repentina con esta droga. Tiene un poder que engancha, cautiva, y una vez que usted inhala la pipa... la tiene que inhalar otra vez y otra vez y otra vez hasta que la cocaína se ha terminado. Usted se hace adicto a ella y antes de que se de cuenta, usted descubre que haría cualquier cosa para conseguir ese momento de elevación otra vez hasta caer en una destrucción total... Señor ayúdanos a todos. Ahora, por otro lado, ¿ha visitado al dentista últimamente? Lo que ellos usan es Novocain (que es cocaína) para anestesiar (adormecer) la boca del paciente para que el procedimiento no sea doloroso. Cuando se usa apropiadamente el fármaco Novocain funciona para bien. El dentista trabaja en sus dientes, sin dolor. Esa misma sustancia que puede ser usada para destrucción es ahora su mejor amigo.

Entonces, yo digo que el "Pecado" es una adicción; nos encontrará, capturará y nos tomará por completo. La pregunta es: ¿a qué es adicto? En mi caso fue la homosexualidad.

Fui introducida a la homosexualidad en mi primer año de universidad. Cuando comenzamos a amar a algo más que a Dios, hemos cometido verdaderamente nuestro primer delito espiritual. Al hacer esto, el precio a pagar es la condenación eterna.

He sido confrontada con la muerte dos veces, siguiendo la vida homosexual. Estuve parada enfrente del cañón de una pistola calibre 25 y, posteriormente, una calibre 38, sin saber si iba a vivir o morir, no fueron tiempos fáciles para querer volver a pensar en ellos. La carne no puede funcionar sin un espíritu que viva dentro de ella. Sin embargo, algunos están controlados por malas intenciones y pensamientos diabólicos. Los espíritus diabólicos pueden tomar control de nuestras mentes y provocarnos a hacer lo malo. Tenemos evidencia de esto cada día, puede ser una violación, asesinato, guerra, o abuso infantil. Algunos dicen, nada malo puede ocurrir si Dios no lo permite, pero lo que la mayoría no se da cuenta es que Dios nos dio a todos un regalo llamado 'libre albedrío'.

Todos somos presa del diablo. El usa diferentes formas para lograr hacernos adictos a sus malvadas predilecciones. Yo fui una persona que quise un desafío y quería tener el control de todas las situaciones. Al ser popular, descubrí que estar con muchas mujeres era otra satisfacción que llenaba uno de mis vacíos.

Mi madre era una persona joven en un mundo grande, sin saber quien realmente era. Ella era demasiado joven para saber cómo ser una mujer, y mucho menos cómo ser una madre para una niña. Ella quedó embarazada a los 15 años de edad y a los 16 años me dio a luz. Eramos más como hermanas. No me malinterprete; mi madre tuvo un buen cuidado de nosotros como hijos. Ella se aseguró de que tuviéramos un techo para vivir, ropa bonita y comida sobre la mesa.

Ella estaba tan ocupada trabajando de 9 a 5 y sus muchos turnos dobles para cuidar de mi hermano y de mí. Pero solo había una cosa que faltaba en mi vida, así que yo pensaba; lo único que cada niña anhela de su madre, (esto es lo que el diablo plantó en mi alma) y eso es el amor incondicional. Anhelaba las dinámicas de una relación saludable entre madre-hija. (Lo cual realmente tuve)

Sí, con tristeza he atravesado sola ese camino de la niñez durante mi crecimiento. ¿Sabía usted que Jesús ha venido a darnos vida y vida en abundancia? Sí, El murió por usted, para que tenga vida eterna. Sé que con todos esos sentimientos de soledad, confusión y aislamiento, desearía renunciar. Pero yo le digo a usted, Dios todavía está en el 'negocio de sanidad del corazón' -- y El le escucha.

**No se rinda.**

# Capítulo 2

# El Clamor de una Niña

¡El diablo viene a matar! Incluso desde el vientre de mi madre. La primera vez que mi abuela Lovie Lee y bisabuela Annie Robinson descubrieron que mi mamá podía estar embarazada porque notaron que su período estaba retrasado... ellas apresuradamente la llevaron con el médico de la familia quien también era parte de nuestra familia, para hacerle un aborto. Ahora le recuerdo que en 1968 el aborto no era legal... Me dijeron que mi jóven mamá de 15 años se sentó sobre esa mesa de examinación... asustada sin saber qué pasaría después. El doctor la vió sobre sus lentes y le dijo, "¿Quieres tener a tu bebé?"

Ella le respondió con un gran "SI señor" entonces ese plan se canceló.

El segundo intento que el diablo trató para materme fue mientras yo estaba todavía en el vientre cuando tenía aproximadamente 8 meses más o menos; mientras mi madre estaba caminando por una calle principal se cayó y un carro casi la atropella.

Mi madre me dio a luz el 8 de marzo de 1969, a la temprana edad de 16 años. Un año más tarde, ella y mi padre se casaron cuando apenas ella tenía 17 años. Usted ve que los padres de las Mamás no las dejan casarse hasta que por lo menos terminen su escuela secundaria, así que con la ayuda del programa escuela para jovencitas embarazadas, la escuela nocturna y la escuela de verano, ella logró su objetivo...

Luego, mi madre resultó embarazada de mi hermano menor; justo después de que mi padre regresó de su servicio militar en Alemania. Vivíamos con mi abuela para ese entonces. Durante este tiempo, mi padre engañó a mi madre con otras mujeres.

Después de un tiempo el matrimonio se había terminado. En el interino, él estaba allí para mi hermano y para mí al principio. El llegaba y nos recogía, nos compraba cosas y pasaba mucho tiempo con nosotros. Gradualmente fue disminuyendo y disminuyendo hasta que eso paró por completo. El se volvió a casar se mudó a otro estado y eso fue todo. Como una persona adulta, le pregunté por qué nos había abandonado. Reclamó que fue "por causa de mi madre". En mi opinión, esa es la excusa más débil que usted puede darle a sus niños por no ser parte de sus vidas.

De lo que puedo recordar, nunca estuvo presente para los cumpleaños, días festivos ni graduaciones; ni siquiera para el funeral de su propia madre. Recuerdo una ocasión, a la edad de veintiún años, su hermana, Arlene, llamó a mi padre para decirle que yo estaba en el vecindario de visita y que me gustaría verlo. El le dijo a mi tía Arlene que pronto estaría allí. Después de un buen tiempo, aún no se presentaba. Mi tía lo llamó de nuevo y le preguntó dónde estaba, y por medio del teléfono, escuché a mi padre y a su esposa discutir sobre el hecho de que yo quería ver a mi propio padre. Su esposa le dijo que no podía ir a verme porque mi madre estaba allí. Es innecesario decir que él nunca se presentó.

Ahora analice usted, yo estaba en casa de mi tía con otros miembros de la familia presentes. Cuando esta situación ocurrió, todos voltearon a verme. ¿Puede usted imaginar la herida, el dolor, la pena y la vergüenza que sentí en ese momento? Durante esa terrible experiencia, mi tía fue quien me consoló con un abrazo y palabras de áliento, mientras que mi hermano y mi madre solo permanecieron sentados mientras todo esto pasaba. Quizás mi hermano y mi madre estaban también en estado de shock y no sabían cómo lidiar con el rechazo por sí mismos. ¿Quién sabe? Me sentí abandonada no solo una vez sino dos veces ese mismo día. El viaje de regreso a casa fue silencioso.

Volviendo al tema de sentirme abandonada de niña (la semilla que el diablo plantó en mi mente), aunque vivíamos con mi madre, abuela y bisabuela, nosotros fuimos criados por mi bisabuela, Annie, y abuela, Lovie. La mayoría de veces la gente joven no sabe cómo cuidar adecuadamente a sus jovencitos debido a la inmadurez. Mi mamá no podía desempeñar el papel de una mujer porque ella misma todavía era una niña. Siendo ella tan inexperta no sabía cómo criarnos, pero hizo lo mejor que pudo bajo las circunstancias.

Una vez que mi madre (antes que ella fuera salva en 1981) había adquirido su propio lugar para vivir, ella nos dejaba todo el tiempo en la casa de la abuelita para salir con sus amigos. Ella se volvió a casar después de la separación con mi padre. De hecho, uno de los ex-esposos de mi madre llamado Juan, solía golpearla. Una cosa que a mi madre no le gustó fue ser golpeada, y él la golpeó después de estar casados solamente por tres meses. Afortunadamente, ese matrimonio no duró mucho. Un día cuando él se fue a trabajar, mi madre sacó todo de la casa y nos fuimos para siempre.

Recuerdo a otro hombre con quien ella salía, por mucho tiempo un traficante de drogas, llamado Larry. Yo debí haber estado entre la edad de nueve o diez años durante ese tiempo. El nos compraba todo lo que queríamos, pero como dice el viejo refrán, no todo lo que brilla es oro. Larry solía golpearnos a mi hermano y a mí. Si nos poníamos la misma ropa más de una vez, nos gritaba por eso. El usaba todo lo que podía para meter sus manos.

Una vez él me golpeó tan duro que mis dientes atravesaron mi labio inferior. Llamé a mi tío Bobby para que nos recogiera a mi hermano y a mí. Nos llevó a la casa de mi abuela y le conté lo que había sucedido. Ella llamó a mi madre, le dijo dónde estábamos y le pidió que llegara enseguida. Cuando mi madre llegó, la abuela procedió a discutir con mi madre acerca de lo que le estaba permitiendo a Larry hacernos a nosotros sus niños. Antes de que me diera cuenta, mi madre estaba tirada en el piso de la cocina. La abuela le había pegado. Eventualmente, ella dejó a Larry y nos movimos.

Luego, mi mamá fue introducida al Budismo por uno de sus amigos y ella solía cantar para que las "cosas" sucedieran, e increiblemente sucedían. De hecho, ella estuvo muy fuertemente involucrada en esta práctica de ocultismo.

Un día, Mamá fue invitada a la iglesia, y ese día ella aceptó a Cristo como su Señor y Salvador personal. Esa noche cuando llegó a casa nos llevó a mi hermano y a mí a su dormitorio. Ella sacó una caja de zapatos llena de marihuana y nos llevó al baño para observar mientras ella tiraba eso en el inodoro. Desde ese momento en adelante, su vida cambió drástica y rápidamente. Ella comenzó a vivir la vida Cristiana y nunca volvió atrás. Mamá también nos movió fuera del gueto para darnos una mejor vida, nos mudamos a Norwalk, California. Aunque me regocijaba de ver los cambios en mi madre, yo estaba esperando que aquel cambio de tan largo tiempo y vencido se anticipara en nuestra relación, y esto sucedió pero nuevamente (el diablo tomó mi mente) era una adolescente y ¡yo sabía todo!

En ese tiempo, ella hizo lo que pensó que era mejor; es decir, la mejor educación y una mejor área para vivir, una mamá que trabajó muy duro en el Departamento de Servicios Sociales del Condado de Los Angeles por muchos años. Sin embargo, yo sentía que ella pasaba por alto el hecho de que yo necesitaba más atención de una madre.

Una vez que entré a la escuela secundaria, fui introducida a las drogas y al alcohol y me convertí en una adicta. Como adulta en mis tempranos veintes, recuerdo que una vez, cuando vivía con mi madre, clamé por ayuda con esas adicciones. Para entonces, mi madre estaba profundamente involucrada en su cristianismo, haciendo todo lo que sabía hacer... Su respuesta fue, "ora, arrepiéntete y sigue adelante", dejándome con un sentimiento de entumecimiento que era inexplicable. En ese momento sentí como si... mi madre falló en darme el consuelo, el amor y el apoyo que necesitaba. Cuando no somos salvos tenemos la idea de que los cristianos deben hacer lo que nosotros pensamos; que nos den dinero, comida y cosas gratis ...hacer esto es lo que valida su cristianismo... ¡PERO NO ES ASI! Considerando que ahora ella era una madre cristiana, su respuesta fue traumatizante para mí.

Sintiéndome rechazada y abrumada, salí una noche buscando algún tipo de amor de mis amigos. Esta vez, consumí demasiada metanfetamina-cristal, comencé a alucinar. Mi corazón estaba latiendo tan rápido que no podía controlar mi respiración. De alguna manera llegué a casa y me acurruqué con una pelota en mi dormitorio, llorando y suplicándole a Dios que por favor me ayudara. Le prometí que si me dejaba salir de eso, yo nunca tocaría otra droga; y si él me permitía quedar sana después de ese punto, nunca regresaría a la metanfetamina-cristal otra vez.

Mientras todo esto pasaba, mi madre estaba en su dormitorio sin darse cuenta de la terrible experiencia entre la vida y la muerte que su hija estaba atravesando solo al cruzar el pasillo, pero Dios sí sabía. El vino a mi habitación esa noche y cumplió Su palabra y me sanó, como lo había prometido. ¡Yo clamé y El respondió!

Una de las últimas situaciones dolorosas en mi vida de parte de mi madre fue el tiempo que salió del país y me dejó a cargo de la casa durante una semana. Dese cuenta que el diablo no quería que mi madre y yo estuviéramos en la misma página... en nuestro caminar de la vida. El enemigo ha tratado siempre de poner división entre nosotras.

Durante ese tiempo que mi mamá estaba fuera del país, mi hermano, Kevin, estaba en la cárcel. Yo le permití a mi tío Dana conducir el carro de Kevin mientras estaba ebrio. El, por supuesto, destruyó el coche y este evento sacó a mi mamá de sus casillas. Ella me sacó de la casa a pesar de mis ruegos para que me permitiera quedarme. Aquella noche, sus últimas palabras para mí fueron, "¡NO!".

Me sentía como si estuviera en una dimensión misteriosa y desconocida, y en un instante me quedé sin hogar. Yo no podía comprender sus palabras. Yo no entendía cómo una madre podía decirle a su propia hija que se tenía que ir… Sentí que era la cosa más cruel que jamás se le debe hacer a su hijo. Yo no sabía qué hacer.

Procedí a poner mis pensamientos en orden y llamé a mi tía Joe. Ella me recibió y me ayudó. Ella me enseñó a ser más responsable. La tía Joe me mostró un amor duro también. Me permitió ser quien yo era y me inspiró a saber que podía ser lo que yo quisiera y hacer lo que yo deseaba con mi vida. Ella estaba allí para mí.

Con esto dicho; por favor sepa que hoy mi madre es la persona más maravillosa que usted puede conocer. Dios ha restaurado nuestra relación como madre e hija, y ella es mi mejor amiga. Para comprender mejor la situación de mi madre, por favor obtenga una copia de su propio libro ungido, *Generations* -Generaciones, disponible ahora en el Centro de Formación Ministerial "Mundial" *Saints of Value* –Santos de Valor, así como también su segundo libro, *Now That's Supernatural* -Ahora Eso es Sobrenatural, disponible en las Librerías Cristianas Palabra de Vida. Y ahora nosotras tenemos un libro juntas titulado "Beauty N Me" – La Belleza eN Mí, también disponible.

## Y Ahora una Palabra de...
## Dra. Vicki Lee, la Madre de Venus...

Sí, todo eso es correcto; todo es verdadero. Cuando escucha la voz del SEÑOR, usted no ve el panorama hasta que el panorama está completo... Oré por mis hijos como una madre soltera durante muchos años... DIOS ciertamente era mi esposo y el Padre de mis hijos, y por fe le obedecía con ese tipo de amor...

Cuando llegué por primera vez al Señor, recuerdo que estaba tan enamorada de El, y tan adicta a Su presencia.

Yo era una madre joven criando dos niños por mí misma, durante muchos años, incluso en mi caminar cristiano.

¿Ha notado alguna vez que cuando venimos por primera vez al Señor, la perfección no ocurre de la noche a la mañana? Este libro es un ejemplo clásico de esto. Una y otra vez los Apóstoles nos dicen que seamos ejemplo nosotros mismos. Por lo tanto, Venus y yo estamos muy contentas de compartir estos momentos con usted.

Alabado sea el Señor porque servimos a un Dios que promete que *todas las cosas* ayudan para nuestro bien para aquellos que le aman. El también prometió que ¡*toda nuestra casa* será salva! ¿Qué otro Dios puede traer tanta sanidad en nuestros hogares?

¡El es fiel!

Ahora, vamos a volver a conectarnos con Venus en su trayectoria.

## Mamá y Yo Juntas, Hoy Inseparables.

# Capítulo 3

# Charla Real

Hubo un tiempo en mi vida que despreciaba a los homosexuales. Nunca pensé que esto estaba en la mira de Dios de participar en ese pecado. Nunca pensé que la gente podía nacer homosexual. Sin embargo, ahora veo que hay cosas que pasan en la vida de las personas que pueden causarles tomar ciertas opciones y decisiones. Cualquiera que sea el caso, alguien puede girar muy bien a la homosexualidad por una serie de razones, como el abandono, la violación, el abuso sexual, mental, el maltrato físico y el rechazo por parte de aquellos que aman. La verdad es que nosotros escogemos la vida que queremos vivir, ya sea que agrade al Señor o no. Una vez que se acueste con alguien del mismo sexo es como una adicción. El sabor del pecado lo eleva pero al final esto conduce a la autodestrucción. Y SI, usted va a necesitar una liberación de Dios para cortar todos los lazos de muerte en su alma, en lo emocional, espiritual y físico. En la mayoría de los casos homosexuales, la auto-destrucción proviene de esta vida y la triste realidad es que ni siquiera se sabe.

De estos tipos de relaciones necesitamos revisar sus frutos. AMOR... el amor que fluye en estas relaciones vive en el borde de inseguridades. Usted ve que es lo suficientemente malo estar en una relación heterosexual con inseguridades pero esto se amplifica en las relaciones entre personas del mismo sexo. De hecho, todo ese estilo de vida se amplifica más con "lo mejor, mejor que la actitud" que en una relación normal entre un hombre y una mujer. Quien hace el papel de *Stud* -Varonil tiene que trabajar más fuerte por ser un hombre... en comparación con un hombre normal, alguien que nació varón naturalmente. Las *Varoniles* hacen esta declaración en todo lo que hacen y dicen, "Yo soy un hombre más que usted"... que significa siempre tratar de superar a los hombres... ¡ser una *Varonil* es trabajo duro!

En la parte interna de la mente de una *Varonil* hay muchas inseguridades. Una de esas es la creencia que la siguiente relación femenina será mejor que la anterior, con la esperanza de ser aún más validadas, sin embargo hay un vacío eterno porque Cristo no es su fundamento. Por lo tanto, hay una búsqueda interminable por la "satisfacción verdadera". Observe los fundamentos en donde las *Varoniles* construyen; dinero, relaciones, emociones, sexo, etc. no es sobre un fundamento verdadero, así que es imposible permanecer de pie. Las relaciones entre personas del mismo sexo nunca se podrán reproducir... y allí es donde el linaje sanguíneo es robado, su identidad es robada, USTED ha sido engañado, y años del linaje de su familia han sido destruidos.

Siempre he sabido que en cualquier cosa que hagamos, hay opciones. La gente toma sus propias decisiones y en mi caso, yo sabía que era una elección personal; y qué mala elección hice en contra de Dios.

# Capítulo 4

# El Sabor del Pecado

Lauren era una amiga mía que conocí cuando nos mudamos a Norwalk. Vivíamos en el mismo edificio de apartamentos, unas pocas unidades una de la otra. Recuerdo cuando sus padres la enviaron a su casa en México para el verano. Me di cuenta que cuando Lauren regresó a California, su aspecto físico era diferente así como su estilo de vida. Lauren me invitó a salir una noche, y nos sentamos a recordar viejos tiempos. Nos reimos y tuvimos un buen tiempo de recuperación. Luego, ella me contó una noticia bomba.

Ella era lesbiana y no quería estar más con varones. Mi boca cayó al piso. Sentada en su carro, no podía creer lo que había oído. Yo estaba devastada, confundida, enojada y herida. ¿¡Mi amiga es lesbiana!?

No fui receptiva a esta noticia al principio. Realmente yo dejé de hablarle a ella por un tiempo. Aunque tenía familiares que eran homosexuales, no sentía que la situación con Lauren era la misma. Lauren y yo eventualmente empezamos a hablar de nuevo, pero no sabía cómo manejar eso. Yo estaba desconcertada en cuanto a por qué ella eligió esa forma de vida ¿Qué cosa era el estar con otra mujer que le gustaba tanto? Lauren tenía una amiga llamada Judy que vivía en el Este de Los Angeles. Judy era lesbiana también quien realizaba muchas fiestas en su casa.

En ese tiempo, la novia de mi hermano, Chanté, y yo, éramos muy buenas amigas. Ella tenía 'algo' especial por los chicos con motocicletas. Chanté conocía chicos de diferentes clubs de motos, ella y su hermana salían con ellos. Cada poco, ella me invitaba a salir con ellos. En ese entonces ser popular era salir con los chicos de las motos a la calle principal. Todo era diversión sana y nos cuidábamos los unos a los otros. No había prácticamente ninguna violencia de pandillas en aquel entonces, como existe hoy con los clubs de motos. Solamente eran jóvenes divirtiéndose con el viento, sintiéndose libres para montar.

Una noche Chanté y yo estuvimos montando moto con unos amigos, cuando recibimos una llamada telefónica de Lauren invitándonos a la casa de su amiga Judy para una fiesta. Chanté y yo decidimos dar un paseo por allí con los chicos, sin darnos cuenta en lo que nos estaríamos metiendo.

¡Vaya! Esa fue la primera vez que vi chicas besando a otras chicas. ¡Me quedé sorprendida! Todos nosotros vimos cómo las chicas bailaban unas con otras de forma explícita, tocándose y moliéndose la una a la otra. Increíble, pensé dentro de mí. ¡A estas chicas se les safó la cadena! A este punto, mi mente estaba en un torbellino de emociones raras. No sabía qué más esperar. Chanté y yo nos reíamos de estas jóvenes de aspecto áspero, preguntándonos por qué quieren una chica, que se asemeja a un chico, cuando podían tener uno real.

Conforme la noche avanzaba, Chanté y yo bebimos un poco más de la cuenta. Durante toda esa noche, Lauren intentó que me le acercara a Chanté, mientras que Judy estaba en el oído de Chanté diciéndole que hiciera lo mismo. El diablo estaba trabajando aquí, y ambas éramos a sus víctimas. Después de emborracharnos, la curiosidad empezó a tomar el control. Pensé dentro de mí, por qué no probar estar con una chica. ¿Qué daño podría causar? Quería saber, de todos modos.

Al estar en ese momento, no dejé de pensar en quien pudiera salir dañado por mis acciones. Sin mencionar, era la novia de mi hermano. Sin embargo, la curiosidad mató al gato, es decir que este sería solo engaño de una vez y nunca más volvería a suceder; ¿correcto?

Para este tiempo, Chanté y yo ya estábamos en el dormitorio de Judy. Ambas Judy y Lauren intentaron de convencernos para que nos besáramos. Sin embargo, Chanté y yo estábamos tan borrachas, que no pudimos contener la risa. Judy y Lauren empezaron a irritarse, así que lo hicimos.

La sensación que tuve de ese beso fue, sensualidad. Fue definitivamente diferente; como si ella supiera exactamente cómo yo quería ser tocada y acariciada en ese momento. No pude descifrar lo que había ocurrido, pero quería que vuelviera a suceder. La noche terminó y me fui a casa en consternación. Al día siguiente, actué como si nada hubiera pasado.

Chanté y yo nunca mencionamos esa noche a nadie, dejamos de hablar sobre esto entre nosotras dos. Definitivamente nos negábamos a todo esto. Realmente queríamos dejar todo eso atrás. Pasaron los días y empecé a pensar en esa noche, y en Chanté. Pronto después de eso, Chanté y mi hermano comenzaron a tener problemas en su relación. Peleaban y argumentaban constantemente y parecía que terminaban al menos una vez por semana; pero en esta ocasión, ellos terminaron por un largo tiempo.

# Capítulo 5

# Quebrar para Formar

Durante este tiempo, yo estaba saliendo con un muchacho llamado Brian, quien tenía un mejor amigo. Chanté fue atraída sexualmente por el amigo de Brian. Eso era exactamente el tipo de chica que ella era; salvaje y lista para lo que fuera. Mucho antes de esto, Chanté y yo éramos aún más cercanas que antes, especialmente después de estar juntas íntimamente. Nunca dejábamos pasar un solo día sin hablar por teléfono, o vernos. Una noche, Chanté y yo fuimos en una cita doble con Brian y su amigo.

Durante la cita, decidimos escaparnos por uno o dos minutos, sólo para estar a solas. Se hizo insoportable estar a solas y no poder mostrar nuestros sentimientos. A veces me ponía a pensar, "¿Cómo puedo hacerle esto a mi hermano pequeño?" y, "¿Qué me ha sucedido a mí?" ¿Puede un hombre poner una llama de fuego contra su pecho y no quemarse? Nosotras habíamos jugado con la carne y nos convertimos en una sola carne. Incluso cuando intentaba dejar de pensar en Chanté, no podía, aunque sabía muy dentro de mí que eso estaba mal. Mi mente se había ido tan lejos; sin saber que todo esto fue engaño del enemigo para robar mi verdadera identidad y destruir mi linaje. Las cosas estaban ahora fuera de control.

La gente comenzó a hacer preguntas sobre nosotras y nosotras negábamos sus sospechas. Yo pensaba dentro de mí, ¿cómo puede algo sentirse tan bien y ser tan malo? Pero yo sabía que esa no era la voluntad de Dios. No podía parar que la lujuria siguiera edificando en este pecado. La ligadura del alma fue tan intensa que yo estaba tan adicta a las relaciones del mismo sexo ardiendo por la lujuria de esto... Yo necesitaba una solución. Un día Chanté me llamó y me dijo que ella y mi hermano habían regresado. Yo estaba furiosa.

Estimado lector aquí hay un alimento para el pensamiento que quiero que mantenga en mente;

*Quebrar para Formar:*

### ¿DEBERIA REGRESAR CON EL O CON ELLA?

Debo admitir que a veces romper una relación puede hacer que la relación dé el giro saludable que necesita. Puede ser un nuevo comienzo. Como un pincel con la muerte, la ruptura puede infundir nueva vida y el amor surgir de nuevo en una relación que ha perdido su brillo o que se ha estancado en el camino por un compromiso más profundo. Puede ser como una llamada para despertar el corazón. Nos damos cuenta de cuánto podemos realmente perder y anhelar estar conectados con nuestra pareja. De repente los valoramos más, y nos damos cuenta de cuánto realmente los amamos. Tal vez podemos sentir una conexión síquica y un vínculo invisible el uno con el otro. Oigo parejas que dicen, "aunque habíamos terminado, todavía me sentía conectada a él". "Nunca la dejé de amar". A menudo una pareja quiere una segunda oportunidad para crear una relación más feliz y exitosa. Ellos ahora saben que tienen mayor claridad y certeza sobre sus sentimientos y pueden tratar cualquier problema que pueda surgir. Quieren otra oportunidad para tener esa relación fuerte y perdurable que sus corazones desean.

# Capítulo 6

## Tres Corazones Quebrantados

Yo estaba enfurecida. No quería que Chanté regresara con mi hermano. Durante este tiempo, me comportaba graciosa con mi hermano y lo trataba con rencor. El no entendía por qué lo llegué a despreciar de repente. Chanté me rogaba que saliera con ellos para que ella pudiera pasar tiempo con los dos, conmigo y con mi hermano. En realidad, ella nos estaba viendo a los dos al mismo tiempo. En cuanto él se retiraba, me decía lo mucho que me extrañaba y quería regresar conmigo. ¡Vaya! Cómo el diablo me daba vueltas.

Mucho antes, mi hermano empezó a beber muy fuertemente. El le dijo a uno de sus amigos que nos encontró besándonos a

Chanté y a mí. Esto lo dejó asustado, confundido y sin saber qué hacer. Por lo que, el beber y el fumar se convirtieron en sus nuevos mejores amigos. Luego, él comenzó a golpear a Chanté. También se comportaba muy celoso cuando yo estaba alrededor y sin él saberlo, yo estaba celosa de él.

Al principio, yo no me di cuenta de que él sabía sobre nosotras. De hecho, tenía la impresión de que nadie lo sabía, y yo no podía entender por qué mi hermano empezó a comportarse mal conmigo. El nos había descubierto. Sabía que algo estaba pasando entre Chanté y yo. De hecho, ellos tenían argumentos sobre mí. Yo debería ser la que está enojada, o eso fue lo que pensé.

Los golpes empeoraron para Chanté. Hubieron ocasiones que tuve que llamar a la policía porque la estaba golpenado muy fuertemente. Chanté no aguantó más el abuso y dejó a mi hermano para siempre. Como verá, el diablo viene a matar, robar y destruir, y de poner a la familia en contra de la propia familia. Debo decir que ahora mi hermano y yo hemos enmendado nuestra relación. Le pedí perdón por todo lo que tuvo que pasar por mí. Y EL LO HIZO... ¡Toda la Gloria sea para DIOS!

# Capítulo 7

# No Más Mentiras

Pronto después de eso, Chanté y yo comenzamos a salir una vez más. A veces, salíamos con chicos, pero la mayoría del tiempo estábamos con Lauren, y sus amigas. Fue con ellas que podíamos ser libres sin ser juzgadas. Aún eludiendo el tema de la bisexualidad, una noche decidimos ir a la casa de mi novio. Brian nos invitó a ver películas y tomar unas copas. Todo iba bien hasta que mi novio me pidió ir a la tienda y, por supuesto, Chanté y yo fuimos muy contentas.

En el camino de regreso, nos empezamos a poner un poco descontroladas en el carro, riendo y bromeando una con la otra. Entonces, Chanté se inclinó y me besó antes de salir del carro. Cuando volteamos a ver, vimos que Brian venía caminando hacia el auto, sorprendido y furioso. Nos descubrió besándonos y allí fue cuando pensé que mi mundo había llegado a su fin. Gritando y maldiciendo con toda la fuerza de sus pulmones, me sacó del auto y empezó a asfixiarme.

"¡¿Cómo pudiste hacerme esto, Venus?!"

Eso fue terrible. El terminó conmigo esa misma noche. Nuestro pequeño secreto había sido descubierto y estábamos expuestas. Traté de reparar mi relación con Brian pero no funcionó. Estaba lastimada y avergonzada y aún en lo profundo de mi corazón, yo no estaba lista para dejar ir a Chanté. Para mí, ella era la conexión con el amor, la lujuria, ese punto de no retorno.

Hasta el día que recibí una llamada de Chanté invitándome a ir a su casa. Entonces fui manejando en mi Ford Escort blanco 1988, escuchando música mientras recorría por la carretera. Es innecesario decir que cuando llegué Chanté puso una pistola sobre mí y dijo, "Voy a matarte". Mientras estaba en el teléfono con su hermano ella le preguntó

"¿Todavía tiene papá aquellas bolsas grandes negras de basura?" Y en ese momento su compañera de cuarto a quien llamábamos Cee-Baby abrió la puerta, ella nos vió y dijo "¿Qué demonios pasa?" cuando Chanté voltió a verla... corrí por mi vida para nunca jamás regresar. ¿Cambió eso mi vida? ¡sí! ¿Me cambió para ya no querer estar con otras chicas? No... Todo lo que quería hacer era cambiar de compañeras.

La verdad ahora estaba expuesta e intenté decirme a mí misma que ya no me importaba lo que la gente dijera, pero por dentro, me importaba. Me sentía condenada por el Espíritu Santo a lo largo de todo y sabía que no debería hacer esto. Dios estaba jalando mi alma, me hacía entender que lo que yo estaba haciendo era incorrecto. Ese no era el plan que El tenía para mi vida y, sin embargo, mis oídos se cerraban para oir su voz. Recuerdo varias veces escuchar las muchas oraciones en voz alta de mi madre por las noches, caminando por el pasillo de nuestra casa.

"¡Señor, no permitas que ella pase a la eternidad en esta calamidad!"

Y, sin embargo, fue mi madre, quien fue asignada por Dios para ayudarme con mi calamidad. Mi madre también solía llevar a cabo estas sesiones de oración los Viernes por las noches con miembros de su Iglesia, orando al Señor hasta las tempranas horas de la madrugada, oraban tan fuerte que los vecinos del lado podían escucharlos. ¿Por qué no había podido orar en voz alta y con esa agresión cuando yo estaba luchado con la adicción de drogas casi enfrente de ella? (Eso es lo que el diablo estaba plantando en mi mente) solía sentirme muy enojada y avergonzada cuando hablaba con mis amigos por teléfono, esperando que no oyeran el grupo de oración de mi madre.

Hubieron ocasiones en que estaba en cuartos de hotel con mi novia en medio de la noche… y mi teléfono sonaba, algunas veces contestaba y otras no. De cualquier manera, mi madre me llamaba hablando en lenguas atando al diablo por teléfono, decretando y declarando que yo no "partiría a la eternidad en mi calamidad", eso se prolongó durante más de veinte años.

# Capítulo 8

## Joven y Libre

Realmente no sabía cuántas personas habían así como yo. Solía preguntarme esto muchas veces. Descubrí que mi tía era lesbiana y fuertemente involucrada en ese estilo de vida. Ella sabía dónde quedaban todos esos lugares y clubs.

Mi segundo encuentro con este mundo fue el día que cumplí los veintiuno. Mi tía me llevó a mi primer club homosexual en Los Angeles. Nunca supe sobre todo este otro mundo, y todos los que estaban dentro definitivamente eran homosexuales. Me divertí mucho esa noche en el club conociendo mujeres, bebiendo licor, viendo bailarinas exóticas. "¡Esta es la fiesta de mi vida! pensé.

Yo era un 'pez fresco' en un mar de tiburones y todos querían una parte mía. Me sentí deseada, amada, popular y en demanda; todas las cosas que anhelaba tan desesperadamente y nunca recibí.

Muchas cosas han ocurrido en mi vida desde que decidí tomar ese camino. Nunca nada bueno podrá venir de ese estilo de vida. No está en el diseño de Dios. Desperdicié veintidós años en esa vida; sólo para descubrir que lo dulce estaba cubierto con mentiras, engaño y muerte. No era nada más que una misión en contra de mí, diseñada para causar que yo fallara, y perdiera de vista ¡quién y para qué Dios realmente me había hecho! Soy UNA MUJER, una hija del Dios Altísimo, para cumplir la voluntad del plan de Dios en mi vida. Satanás va a ir hasta los confines de la tierra para robar su alma, no se la entregue a él.

Siendo golpeada por mi ex-novio por jugar en ambos lados de la cerca, ocultando una relación de la otra; vistiéndome como una mujer para mi novio, y tener que cambiar a ropa de hombre para impresionar a mi novia,

66

se convirtió en un trabajo bastante agotador. Así que ya no quise salir más con hombres. Estaba cansada de fingir que me gustan los hombres cuando sabía que prefería estar mejor con las mujeres. Entonces para simplificar las cosas, decidí vivir mi vida como una lesbiana.

Pensé que esta era la vida que yo quería, así que me hice lesbiana. Lastimada y confundida, decidí salir del closet y ser expuesta a mi homosexualidad. Ciertamente yo ya no podía ocultar esto más, me estaba hundiendo en el pecado, me acostaba con cualquier chica que quería, me vestía como un varón, y así sucesivamente. Incluso me aproveché de verdaderas mujeres que tenían "curiosidad". Les decía cosas que querían escuchar para atraparlas, y controlar sus mentes. Esto se convirtió en un juego para mí. Parecía que sin el drama, no era agradable. Ahora que miro hacia atrás todo esto, puedo ver las cosas mucho más claras. Qué calamidad la que hice. Fue algo que pudo haberse detenido a tiempo antes de que empezara a suceder.

Una relación homosexual está basada en mentiras desde el principio hasta el final. Ser la "Stud" –*Varonil*– en una relación lesbiana hace que uno se sienta poderosa, porque juega el papel del macho-dominante; como si estuviera a cargo y lo que usted dice es la última palabra. Ser infiel, por ejemplo. La 'Varonil' considera que, mientras sale con alguien, quiere ser fiel, pero cuando está en una relación comprometida, quiere ser infiel. Esto parece ser una amplia propagación de característica 'machista' tanto en los hombres verdaderos como en las comunidades de homosexuales, diseñada para elevar el ego.

Como la Varonil en mis relaciones lesbianas, me di cuenta que estaba haciendo cosas para hacer que mis novias fueran a los extremos para demostrar su amor por mí, como lo haría un verdadero varón. ¡¿POR QUE?! Yo nunca había podido contestar esa pregunta hasta ahora. Creaba problemas en aquellas relaciones para validarme así misma, pero crear problemas en las relaciones sin ningún motivo no es normal y no es de Dios. El no es un Dios de confusión. ¿Cree usted realmente que Satanás se detiene a pensar en las vidas que serán afectadas o del daño que ha causado a otro? A él no le importa. Su trabajo es causar dolor, sufrimiento, lucha y destrucción. Las parejas del mismo sexo llevan ataduras emocionales muy profundas dentro de sus almas. En la mayoría de los casos, las mujeres lesbianas usan sus intuiciones femeninas una en contra de la otra, sabiendo exactamente cómo y qué botones presionar. Todo esto se trata de las artimañas del enemigo.

# Capítulo 9

## Giro Incorrecto

Lo que me pareció ser divertido comenzó a convertirse en una pesadilla. Amigas en el estilo de vida homosexual comenzaron a caer sobre la faz de la tierra como resultado de sus decisiones insensatas; tornándose en contra una de la otra, engañándose mutuamente en secreto con las novias entre amigas, y así sucesivamente. Muchos acontecimientos provocaron aún al homicidio, ya que estas mujeres asesinaban a otras por razones inválidas; siendo los celos la más prevaleciente.

El diablo hace que las cosas parezcan tan perfectas al principio, pero los colores reales nunca fueron claros. Una vez que esas gafas de color rosa son removidas, todos son tonos grises. Fue una bella fachada de las tantas artimañas del enemigo. Mi amiga, una varonil llamada Mac, casi tomó una vida inocente en este aturdimiento homosexual. Una noche Mac y yo estábamos de pie en el club, mientras que otra varonil llegó y estaba coqueteando con su novia, entonces Mac se molestó tanto y fue donde ellas estaban.

Las dos varoniles intercambiaron palabras, tras de eso Mac se salió siguiento a la otra varonil, sacó una pistola y le disparó en la espalda, justo en frente del club. Sé que esto es cierto porque yo estaba allí. Mac ahora está cumpliendo tiempo en la cárcel.

Como lo mencioné en un capítulo anterior... cuando nos acostamos con una persona, en el sentido sexual, nos llegamos a conectar con ese individuo, no sólo espiritualmente sino también físicamente, lo que permite el intercambio y la transferencia de espíritus para entrar en nuestra carne, nuestra alma y cada aspecto de nuestras vidas. Por esta razón, Dios llama al acto de relaciones sexuales "convertirse en una sola carne". Hacer esto imprudentemente puede ser muy peligroso. En cada relación que he tenido, ha sido una conexión para que diferentes espíritus trataran de aferrarse a mí. Para ese entonces, yo no sabía que esto estaba ocurriendo. Nunca pude entender por qué, pensamientos provocativos y cosas extrañas empezaban a sucederme a mí, cada vez me involucraba con alguien nuevo.

Tenemos que ser muy cuidadosos con quienes nos rodeamos. Al vivir en el pecado, yo nunca sabía que traería el día siguiente. Siempre habían sorpresas y esperando que cosas sucedieran.

Por ejemplo, recuerdo una noche que mi novia China y yo recibimos una llamada telefónica a las tres de la mañana sobre unos golpeadores de homosexuales que acababan de matar a un amigo de ella, un hombre homosexual. Su amigo estaba caminando de regreso a casa cuando unos hombres saltaron de un auto y lo golpearon hasta matarlo. ¡Yo estaba en shock! Esa noche, demasiadas cosas pasaron por mi cabeza. Yo conocía a su hermana, cuyo nombre es Betty. Nosotras acostumbrábamos ir juntas a los clubs. A ella le afectó mucho su muerte porque eran bastante cercanos. Después de su entierro, me dije así misma, "Esto no es cómo se supone que debería de ser".

En el funeral yo estaba tan sorprendida de descubrir que el ministro que habló era un ex-amante del chico que fue asesinado. Impactó mi mente saber que él se convirtió en un predicador. A lo largo de todo el servicio yo sólo sabía que tenía que hablar con él. Había algo diferente en aquel hombre. Después del funeral China y yo asistimos a la reunión. China fue a hablar y socializar con sus amigas como siempre lo hacía. Esta fue mi oportunidad para ir y entablar una conversación con el predicador. Después de conversar un rato me dijo que Jesús había cambiado su vida y que él había vivido también ese estilo de vida, pero ahora estaba haciendo cosas increíbles para el Señor. El ayuda a las personas que han sido afectadas por el sida. Comparte su testimonio de cómo Jesús lo liberó de la homosexualidad. El es un Abogado y también fue diagnosticado con sida. Sin embargo, este hombre estaba tan lleno de vida y era libre, había un resplandor y una sonrisa pacífica en su rostro y yo quería lo que él tenía. Le dije que, "Yo quería cambiar mi vida", él se sonrió y me dijo que Jesús me amaba. Me invitó ese Domingo a la iglesia que él asistía. El día Domingo mi mamá y yo estábamos allí. Pensé que era gracioso que su Pastor habló sobre "la homosexualidad"; no me ofendió simplemente pensé que Dios me estaba hablando a mí. Al final del mensaje, el Pastor hizo un llamado al altar. Yo fui una de las primeras personas que respondieron a la invitación. Estaba dispuesta a renunciar a todo por Jesús, cambiar mi forma de vida y vivir para El. Ese fue uno de los días más felices de mi vida. Sin embargo, después de recibir a Cristo me llevaron a un cuarto para oración adicional con miembros de la iglesia, aquí fue cuando se convirtió en una pesadilla, fue horrible. Sus voces se oían como camiones de bomberos corriendo por la calle, tanta gente diciéndome y gritando al mismo tiempo lo que no puedo ponerme más, "lo que podía usar, lo que no podía usar, dejarme crecer el cabello, usar maquillaje..." No podía esperar más salir de allí, todo lo que sentí referente a ser una Cristiana se fue por la ventana inmediatamente. Vaya, yo no estaba lista para eso así que volví a lo que mejor sabía hacer, como cuando un perro que regresa a su vómito. Recuerde que Dios no le obliga a cambiar; El es el cambio, mientras más se acerque a El leyendo, estudiando y obedeciendo Su palabra el cambio VENDRA. El lo encuentra justo donde usted está. Algunas veces, pueda que no vea el cambio exterior enseguida eso no quiere decir que no sea salvo. Algunas liberaciones toman un proceso; mi apariencia exterior no cambió inmediatamente para mí después de mi salvación, fue un año más tarde. Jesús me cambió primero de adentro hacia fuera y aún así todavía estaba luchando con algunas áreas, pero Dios nunca me dejó, El no se rindió conmigo. Pasaron dos años cuando me sentí cómoda en ropa femenina. Al ser libre al Fin mi relación con El fue creciendo fuertemente.

Puedo recordar mientras salía con China había una sombra negra que se paraba cerca de nosotras de casi ocho pies de altura. Caminaba por su pasillo por la noche justo antes de irnos a la cama en su apartamento. Solía pensar que yo estaba viendo cosas hasta que una noche la sombra entró en la habitación y me asustó poniendo su cara sobre la mía. Fue un señal horrible y entonces supe con certeza de que era un demonio atormentándome. La mamá de China practicaba el budismo, iluminación con incienso y velas para orar a su Dios. No me di cuenta en ese momento que eso era brujería. Esos demonios conocían el llamado en mi vida e intentaron detener lo que Dios ya había predestinado para mí. Las visitas demoníacas estaban pasando con mucha frecuencia que dejé de pasar la noche en su apartamento. Planeaba excusas para decir por qué no podía quedarme. Ella se enojaba pero a mí no me importaba. Decidí que ya no quería tener más encuentros con los demonios. Pensé que me deshice del problema hasta que comencé a ver el mismo demonio en mi casa. Yo tenía miedo, así que empecé a asistir a la iglesia de mi mamá. Un día ella tuvo un servicio de liberación. Hubo un profeta allí llamado Profeta R.W. Burger y su esposa Reverenda

Linda… me llamó y oró por mí. El Señor lo usó para echar fuera a los demonios y también para ministrarme sobre mi estilo de vida. Dijo que el Señor tenía una palabra para mí, "Si continuaba demasiado profundo (el estilo de vida homosexual) no podría salir de allí". Yo sabía que había sido liberada de los demonios. Acostarse con alguien con quien no se está casado, estando fuera de la voluntad de Dios, lo ata a ese individuo, siendo una atadura del alma, convirtiéndose en uno, atándose así mismo a las cosas espirituales tales como; maldiciones familiares, traumas emocionales, malos hábitos, enfermedades, etc. Por eso es tan importante esperar a la persona que Dios ha creado sólo para usted y no es una relación del mismo sexo tampoco.

# Capítulo 10

## Oscuridad y Tristeza

Uno pensaría que al estar con una mujer, las cosas serían diferentes, lo opuesto de estar con un hombre; esto no es cierto en muchos casos. Por ejemplo, yo estuve en una relación abusiva con una bailarina exótica.

Para aquellos que están apenas entrando en ese estilo de vida y piensan que estar con una bailarina exótica es un "buen negocio", piénsenlo de nuevo. Estar en una relación con alguien que se quita su ropa por dinero, con todos (incluyendo amigos y familiares), viendo su 'mejor mitad' desnuda de ocho a diez horas al día, puede ser muy vergonzoso y degradante; no sólo para ellos sino también para sus compañeros.

Recuerdo estar en días normales con mi novia la bailarina, y correr a los hombres que la conocían por el club. La falta de respeto era sorprendentemente increible. Estos eran los tipos de situaciones con los que tuve que lidiar en forma rutinaria debido a lo que ella eligió ser. Ella interactuaba con diferentes hombres en forma regular y participaba en los encuentros sexuales con algunos de ellos. Después, me mentía y me decía que simplemente había salido a bailar, pero dentro de mi mente, yo sabía que me estaba engañando. Me decía que saldría fuera de la ciudad, a bailar, para hacer algo de dinero, pero eso no era todo lo que estaba haciendo.

Nosotras peleábamos y argumentábamos mucho porque ella permanecía fuera de casa por varios días. Un día tuvimos un argumento bastante fuerte que se convirtió en una pelea muy mala, y yo le tiré un plato hondo en su cabeza. Ella me golpeó en el codo con un candelero y me fracturó el codo. Se inflamó del tamaño de una ciruela. Ella quería controlar la relación, pero yo no se lo permitía y las peleas empeoraron.

Una vez nos peleamos tan mal, que tuve que conducir yo misma al hospital después de que ella me golpeó en la cabeza con un ventilador. Me pusieron cuatro puntos en mi cabeza esa terrible mañana. En otra ocasión, encontré algunas de sus películas pornográficas que había hecho con hombres. Yo sabía que ella hacía películas pornográficas, pero se suponía que esas películas solamente eran entre mujeres. Esa fue la última gota para mí. Terminé con ella y regresé a casa con mi mamá, quien estaba pasando por un divorcio por sí misma.

Después que terminé con la bailarina, ella se volvió completamente loca (fuera de control). Un día logró atraerme a su casa para hablar. Afortunadamente, mi íntimo amigo, Rezee, me acompañó. Mientras que tratábamos de hablar, la situación volvió a salirse de las manos y empezamos a pelear. La empujé hacia el armario y antes de que me diera cuenta, yo estaba mirando el cañón de una pistola calibre 25. Las lágrimas comenzaron a rodar por mi cara. Lo único que podía pensar era que iba a morir en ese mismo momento.

Temerosa y temblando, ella apretó el gatillo pero el arma se atascó. Allí fue entonces que mi amigo, Rezee, entró corriendo en la habitación cuando oyó que estábamos peleándo. El vió la pistola en su mano y se la quitó. Salí fuera del apartamento y llamé a la policía. Pronto después de eso, ella corrió hacia su auto y se fue del apartamento; y ese fue el fin de eso.

Una vez que me enteré de todas las otras cosas repugnantes que hacía además de baile, ya no podía estar con ella por más tiempo. Mis amigos me decían que regresara con ella sólo por el dinero que ella hacía, pero yo no podía. No estaba en la disposición de tomar el riesgo de perder mi vida por dinero, no de nuevo. Ella solía pagarme aproximadamente mil dólares cada semana como una "compensación". Sí, yo era una varonil muy bien mantenida. Alguien podrá decir, "una buena compensación", pero el precio a pagar era mortal.

# Capítulo 11

# Un Ultimo Intento

Después de correr desesperadamente, dentro y fuera de diferentes relaciones, yo estaba cansada de estar con diferentes mujeres y decidí tranquilizarme. Comencé a salir con una mujer en particular que pensé que era realmente satisfactoria. Jodi y yo salimos durante algunos años, pero en el proceso de la relación noté su excesivo consumo de alcohol.

En ese momento, yo estaba tan cansada de mi propia conducta insensata; quería cambiar para mejorar y obtener una vida normal, así que empecé a trabajar en un gimnasio y a disminuir mi consumo de alcohol. Yo estaba avanzando en la dirección correcta, o eso fue lo que pensé.

Mientras yo mejoraba, el consumo de bebida de Jodi se salió de las manos. Ella comenzó a beber todos los días y a partir de allí, las cosas cambiaron drásticamente. Los argumentos y peleas se convirtieron en algo demasiado para mí. Yo la amenazaba con abandonarla si ella no dejaba el licor. Algunos días dejaba de beber, otros no. Los días que no bebía, eran los peores. Ella se sentía enferma y malhumorada, y se quejaba de cada cosa pequeña, sin duda era provocada por la falta del alcohol.

Estos episodios algunas veces nos causaron pelear físicamente. Yo constantemente trato de que las cosas funcionen, pero cuando algo no está bien desde el principio, nunca lo estará. La relación comenzó a causarme demasiado estrés y depresión, hasta que un día tuve un colapso nervioso y terminé en el hospital. Yo estaba mentalmente estresada y evidentemente agotada debido a esta relación, la cual me causó estar bajo medicamentos. Sí, esto le puede ocurrir a cualquier, ya sea en una relación homosexual o heterosexual.

Al diablo no le importa quién es usted. Cuando dejamos espacio para que el enemigo entre, él pondrá barreras y obstáculos en su camino. Después de todo, él anda en la tierra como león rugiente, buscando a quien devorar; en otras palabras, a quien le de "permiso".

Una vez que salí del hospital, dejé a Jodi. Dejé todo excepto mi ropa y un escritorio de computadora. No me importó mientras que tuviera mi felicidad y paz mental. Me prometí a mí misma que jamás me volvería a poner en otra situación semejante a esa. Me mudé de regreso a casa con mi madre y prácticamente permanecí en la casa con ella por mucho tiempo. Poco después de eso, paré de salir e ir a los clubs con todos, y volví a mi primer amor, mi pasión: la música.

Conforme crecía, yo solía soñar con ser una gran estrella. Escribir y componer mi propia música era lo mío, de lo que apenas puedo recordar. Así que saqué mi cuaderno y mi lápiz, y me sumergí en la música de mi alma.

# Capítulo 12

# Hechizos de Vudú

La música fue mi liberación, el pasaje de vuelta a la salud para mí. Por medio de la música, yo era capaz de expresarme. La música me hacía flotar en otro mundo, donde solamente encontraba placer, comodidad y relajamiento. Al entrar al lado de negocios de esto, dirigí a varios artistas. También formé un sello independiente de grabaciones llamado *High Gravity Records –Grabaciones Alta Gravedad,* con unos pocos amigos míos de hacía mucho tiempo.

A Grabaciones Alta Gravedad le fue muy bien. Un día volé de regreso desde Memphis, Tennessee, en un viaje de negocios con respecto al sello, y mi mejor amigo en ese tiempo, C.C., me recogió del Aeropuerto LAX, junto con su novia. La noche iniciaba, así que nos fuimos a un club en Hollywood.

En el club conocí a una mujer llamada Alice, en quien yo estaba un poco interesada, pero no podía saltar en algo que no necesitaba. Yo no quería pasar por más dramas. Alice y yo hablamos por un rato; tomé su número y luego regresé a divertirme con mis amigos. A principios de ese año atravesé por algunos momentos emocionales por haber perdido a mi tío Bobby en Abril del 2009 y a mi tía Annette posteriormente en Agosto del 2009. Fueron dos muertes muy difíciles de tratar en el plazo de un año. Con todo eso sucediendo, tenía suficiente en la vida y todos esos problemas. Yo estaba buscando algo, pero no sabía qué, quién o por qué. Sólo sabía que me sentía sola por dentro.

Después de que mi tía Annette murió, decidí darle una llamada a Alice; la mujer que conocí en el club de Hollywood. Ella se sorprendió al escuchar de mí ya que habían pasado tres meses desde que yo tomé su número. No pude acercarme a ella al principio. Había simplemente algo en Alice en que yo no confiaba, aunque yo estaba sexualmente atraída por ella. Solo estaba buscando pasar una noche con ella, o eso pensé. Pero empecé a sentir curiosidad por saber qué era lo que la 'movía'.

Muchos rumores circulaban sobre que Alice hacía juegos con las cabezas de las personas. De hecho, la llamaban "la viuda negra" y la gente me advirtió que no metiera con ella, pero como siempre, me gustó el reto, me decidí por ella a toda velocidad. Debido a todas las cosas que había escuchado acerca de ella, yo empecé a jugar con ella primero; ataques preventivos, si así prefiere. Ella no podía entender por qué yo no me estaba enamorando de ella, como todos los demás. Alice estaba bastante molesta por todas las mentiras que constantemente yo le decía, y ese fue un error tonto de mi parte porque no sabía sobre las peligrosas actividades extra-curriculares que ella realizaba. Alice era de Trinidad. Más tarde descubrí que su familia estaba involucrada en el vudú; el nombre dulce para cubrir la brujería. Yo nunca realmente creí en la brujería, pero después de involucrarme en una relación sexual con ella, ahora creo que la brujería es real.

Muy pronto descubrí que estaba sexualmente obsesionada con ella. Sentía como si ella tomara control de mi mente. Hasta entonces, nadie podía atarme a una relación si yo no quería. En su mayor parte, las relaciones eran por pura diversión en mi libro. Además, yo era demasiado vanidosa sobre mi apariencia para estar corriendo por alguien más. Mis amigos sabían que algo no estaba bien conmigo. Para mí comportarme de esa forma con Alice, era porque algo estaba completamente mal.

Cuando la relación terminó, muchas veces pensé en las cosas increíblemente extrañas que hizo. Por ejemplo, ella ponía su saliva en mi boca y decía cosas extrañas durante el sexo, cosas que sonaba como hechizos. Yo sabía que algo satánico había pasado esa primera noche, pero doy gracias a Dios, por la oración y su gracia sobre mi vida, El me sacó de eso y las cadenas del mal fueron rotas en mí.

# Capítulo 13

# El Nuevo Inicio

A través de la música, pude experimentar lo que ser el centro de atención tenía por ofrecer y empecé a amar la fama, viajar atravesando estados y estableciéndo un nombre propio. Para el 2010, yo estaba en el pico más alto de mi carrera, disfrutando de la vida y de todo lo que ésta podía brindar. Sin embargo, todavía había algo doloroso que me agitaba por dentro y yo no sabía lo que era. Comencé a caer en una profunda depresión. Las cosas iban bien así como también el negocio de la música, y aún así yo no era completamente feliz.

En ese estilo de vida del entretenimiento, usted está rodeado de muchas tentaciones. Todo está a su alcance; las drogas, el dinero, el sexo y el alcohol están allí para que los tome.

Empecé a beber muy fuertemente, lo que me hacía sentir a veces aún más deprimida. Crear escenas fuertes bajo la influencia del alcohol fueron algunos de mis momentos más vergonzosos.

Durante ese tiempo, hacia el final de mi viaje en el mundo de la música secular... Yo estaba en un evento donde conocí a una mujer llamada Denise. Nos hicimos muy buenas amigas. Ella era alguien con quien podía conversar en tiempos buenos o malos.

Mientras lidiaba con mis problemas sobre la bebida, nosotras pasábamos mucho tiempo hablando por teléfono. Ella se tomaba el tiempo para ayudarme y apoyarme de cualquier manera, durante aquellos tiempos míos muy oscuros. Conversaba conmigo bastante y llegaba a visitarme por las noches motivándome y haciéndome saber que yo podía salir de eso, finalmente superé la batalla del alcoholismo. Empecé a experimentar sentimientos hacia ella por todas las cosas que había hecho por mí.

Nunca había conocido a nadie que permaneciera conmigo como lo hizo Denise, sin importar qué, sin intentar utilizarme por dinero, cosas materiales o favores. Sentí que Denise era la pareja perfecta para mí como amante y amiga. A veces Dios pone gente en nuestras vidas, no para tener una relación íntima, sino sólo para propósitos simplemente platónicos. Era algo tan bueno para ser cierto. Encontrar a alguien con quien yo tenía tanto en común y era fácil de hablarle en un momento de necesidad, era todo lo que yo necesitaba. Sin embargo, ella mantenía toneladas de problemas en secreto que no habían salido a la superficie todavía.

Denise y yo estuvimos juntas por un año y medio. Tuvimos nuestros argumentos porque yo no estaba lista para un compromiso, pero me comportaba como si lo estuviera, ya que no quería perderla.

En febrero del 2011, empecé a ir nuevamente a la iglesia con más frecuencia. Yo no sabía por qué; solo necesitaba estar allí. Invité a Denise para que fuera conmigo. Nosotras asistíamos a la iglesia casi cada Domingo. Ocasionalmente, salíamos a las fiestas, y fue durante este tiempo que comencé a sentir un cambio dentro de mí, como si yo ya no perteneciera a ese vibrante ambiente secular, mundano, empapado en alcohol y lleno de humo.

Mi descanso por las noches también se convirtió en intranquilidad, pensando dentro de mí, si Cristo fuera a volver justo ahora, en este minuto, ¿en dónde estaría yo? ¿a dónde me enviaría El? ¿Me llevaría al cielo con El, o me enviaría a ese otro terrible lugar?

Como una joven adolescente, crecí en la iglesia, cantando en el coro juvenil. Yo era joven, inocente y ardía por el Señor. Sin embargo, probé el mundo siendo una joven adulta y quería ver que más el mundo tenía por ofrecer. Me ausenté un Domingo que pronto se convirtieron en dos Domingos, luego tres, y no por mucho tiempo, dejé de asistir a la iglesia con todos. Siempre conocí la palabra de Dios, incluso cuando yo estaba en el mundo, nunca la olvidé.

Cuando tenía doce años, Jesús me permitió tener una experiencia fuera del cuerpo. Estaba acostada en mi habitación una noche, mi espíritu comenzó a levantarse de mi cuerpo. Flotando arriba cerca del techo, podía verme recostada en la cama abajo. Luego, pasé a través del techo de nuestra casa y subí al cielo. La presencia de Jesús me llevó al cielo. Todo era muy brillante y hermoso. Las calles realmente están hechas de oro. También ví a mi bisabuelo, quien murió mucho antes de que yo naciera. Supe que era él por el espíritu que yo sentía, y él me reconoció de la misma manera. Cuando me desperté al día siguiente, le conté a mi madre lo que me había sucedido. Le describí a mi bisabuelo. Mi madre pareció un poco desconcertada, como si se preguntara así misma, "¿cómo puede saber cómo lucía su bisabuelo?" Ella estaba segura de que yo nunca lo había visto antes. Incluso caminé por el cielo con Jesús, pero nunca pude ver su rostro. Cuando lo voltié a ver todo lo que ví fue una gran luz brillante.

Después de eso, comencé a caer muy rápidamente hacia abajo en un agujero oscuro y me puse profundamente aterrorizada. En este orificio no había nada más que terror y soledad, y sentí como que me iba a morir, pero yo no quería morir. Entonces, antes de que llegara al fondo de este pozo, Dios extendió su mano y me regresó, me sacó de ese agujero. Y luego me desperté.

Estoy relatando este evento para usted, para que sepa que Dios siempre tuvo Su mano sobre mí, aún desde muy niña, y Su mano está también sobre usted. Fui salva a la edad de cuarenta y dos años a principios del 2011.

Acostada en mi habitación aquella noche, yo estaba viendo noticias en la televisión, observando todas las distintas tragedias que estaban ocurriendo alrededor del mundo, y un reportaje de cientos de aves (de una misma especie) que caían del cielo; y más noticias de último momento de peces (de nuevo, una misma especie), sobre las superficies de las orillas de los océanos alrededor de América.

Entonces empecé a pensar sobre las escrituras en el Libro de Apocalipsis, y me estremecí. Estamos viviendo en los días finales de la Tierra, el evento conocido como Los Ultimos Días.

Yo sabía que no quería pasar el resto de la eternidad en el infierno, y pensé, "¿Vale la pena realmente este mundo para que le entregue mi alma y pierda la oportunidad de estar con Jesús para siempre?"

Sabía que el estilo de vida homosexual no era el plan de Dios para mí, ni tampoco lo era perderme en el infierno para siempre. La palabra de Dios declara, "que si confesares con tu boca que Jesús es el Señor, y creyeres en tu corazón que Dios le levantó de los muertos, serás salvo".

En aquel momento me arrepentí de mis pecados y le pedí a Dios que entrara en mi corazón. Le pedí que me enseñara cómo vivir para El. Ese día, redediqué mi vida a El y nunca más volví atrás a ese estilo de vida. He estado caminando con el Señor desde entonces.

Sí, es un proceso. Para muchos es una liberación instantánea, y para otros se realiza gradualmente. Estoy creciendo cada día en Cristo Jesús. El me ha cambiado y ha cumplido los deseos de mi corazón. El también eliminó el vacío, la soledad, la tristeza de mi corazón. Dios continuamente se está moviendo en mi vida y yo crezco más fuerte cada día.

Poco después de eso, llamé Denise por teléfono. Ella sabía que algo estaba apagado en mi voz. Le dije que ya no podía estar en una relación con ella porque había aceptado a Cristo y lo que estábamos haciendo estaba mal. Ella estaba devastada y no quería oír eso.

Al principio intenté encontrar alguna forma de que permaneciéramos siendo amigas, pero Dios tenía un plan para mi vida que sobrepasaba a cualquier cosa que este mundo podría ofrecerme otra vez.

Yo espero y oro para que usted también pueda encontrar el camino hacia Su amor y Su justicia.

Sea bendecido.

# Fotografías
# Exclusivas
# Del Album

## Con Venus Burton

Rezee, Artista de Grabaciones Hip-Hop Busta Rhymes, y Yo.

Yo cantando en el Club BB Kings Blues en
Hollywood, CA

Artista de Rap Mims y Yo
En la Convención Urban Network en el 2008

Rezee y Yo abriendo el show de los
Gemelos Ying Yang

En el Club Key, Hollywood, California, 2007

Rezee & Yo cantando en vivo
Hollywood, California, 2007

De izquierda a derecha Black Jesus, un amigo; Artista de Rap Supa Slip; "G" Mac, mi amiga de Los Angeles; Productor Jazze Pha; Yo; Artista de Rap Tracey Lee y el Artista de Rap Big Hustle; en una fiesta de cumpleaños, Atlanta, Georgia, club nocturno, 2006

Artista de Rap Hip Hop LiL' Jon y Yo
Atrás del escenario en el Tour 'Bay 2 the A' en el 2008

"Las Torres Watts" video musical filmado en Watts, CA

Rezee, Artista de Rap Hip Hop Kam y Yo,
Atrás del escenario en el Tour 'Bay 2 the A' 2008

2009
En China reunión por el Sello de Grabación "High
Gravity Records" con el Gobernador de China
Sr. Lindo Zhu y su Intérprete Srita.
Wonda

Artista Cantante de Hip Hop Nate Dogg y Yo
Fiesta en una mansión en el 2008

Toma de Fotografías con las bailarinas exóticas
Revista Wheels, 2006

De fiesta en el Club Help en Rio De Janeiro, Brazil,
2005

Girls in Rio

Yo en una reunión de negocios en New Jersey, 2008
Con el Productor, Roy Royalty Hamilton,
Del Sello Occidental Warner Brothers

Toma de Foto para el lanzamiento de mi CD en el
2007

*Watt's Go'n On*
*Qué Está Pasando*

Mi Tía Annette y Yo en Yate para la Celebración de mi Cumpleaños 39

Rezee y Yo cantando 2007

Un Día en Compton, CA

Artista de Grabaciones bajo R&B Michel'le su Grupo
y Yo en 2010

Comediante Luenell, Artista Michel'le,
Su Guardaespaldas y Yo en el 2010

*Eso era entonces...*

# Y esto ahora...

Yo con mis socios de
**Kickin' Back With Christ** (*Contraatacando con Cristo*)
At Saints of Value World Ministries,
(*En los Ministerios Mundiales Santos de Valor*)
Norwalk, California.

Dios es bueno.

Abril 17, 2011 Bautizada en
Agua

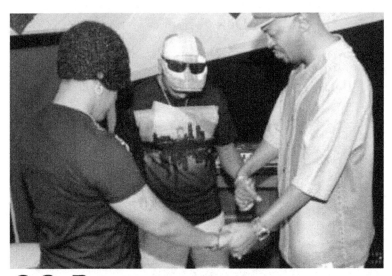

# *G.O. P.* (God's Orignal Plan)
Grupo Plan Original de Dios y el Reconocido Artista
Pastor Tony Davis

*De cantar a "AHORA" Ministrar*

*Feb. 2014 "BNM Sista Club" panel*
*(Panel Club de Hermanas BNM –Belleza eN Mí)*
*Todas salvas y liberadas de la Homosexualidad*

# Felíz y Libre

# *Hechos y Estadísticas*
## Estadísticas LGBT

1 de 3 mujeres serán agredidas por un compañero
íntimo durante su vida
(30-50% de todas las mujeres)

30% de las parejas LGBT sufren
violencia doméstica

3 de cada 4 mujeres serán asesinadas
en manos de sus compañeros

Los actos de violencia doméstica se producen de cada
15 a 18 segundos en los Estados Unidos

# Factores Bíblicos sobre la Homosexualidad

Mi Oración es: que la PALABRA de DIOS hable por sí misma porque es la ¡Autoridad Final para el Universo y de todas las Galaxias! ....sea bendecido conforme usted lea la Palabra de Dios

**Romanos 1:26-32** (RVR1960)
**26** Por esto Dios los entregó a pasiones vergonzosas; pues aún sus mujeres cambiaron el uso natural por el que es contra naturaleza, **27** y de igual modo también los hombres, dejando el uso natural de la mujer, se encendieron en su lascivia unos con otros, cometiendo hechos vergonzosos hombres con hombres, y recibiendo en sí mismos la retribución debida a su extravío. **28** Y como ellos no aprobaron tener en cuenta a Dios, Dios los entregó a una mente reprobada, para hacer cosas que no convienen; **29** estando atestados de toda injusticia, fornicación, perversidad, avaricia, maldad; llenos de envidia, homicidios, contiendas, engaños y malignidades; **30** murmuradores, detractores, aborrecedores de Dios, injuriosos, soberbios, altivos, inventores de males, desobedientes a los padres, **31** necios, desleales, sin afecto natural, implacables, sin misericordia; **32** quienes habiendo entendido el juicio de Dios, que los que practican tales cosas son dignos de muerte, no sólo las hacen, sino que también se complacen con los que las practican.

**Levítico 20:13-21** (RVR1960)
**13** Si alguno se ayuntare con varón como con mujer, abominación hicieron; ambos han de ser muertos;

sobre ellos será su sangre. **14** El que tomare mujer y a la madre de ella, comete vileza; quemarán con fuego a él y a ellas, para que no haya vileza entre vosotros. **15** Cualquiera que tuviere cópula con bestia, ha de ser muerto, y mataréis a la bestia. **16** Y si una mujer se llegare a algún animal para ayuntarse con él, a la mujer y al animal matarás; morirán indefectiblemente; su sangre será sobre ellos. **17** Si alguno tomare a su hermana, hija de su padre o hija de su madre, y viere su desnudez, y ella viere la suya, es cosa execrable; por tanto serán muertos a ojos de los hijos de su pueblo; descubrió la desnudez de su hermana; su pecado llevará. **18** Cualquiera que durmiere con mujer menstruosa, y descubriere su desnudez, su fuente descubrió, y ella descubrió la fuente de su sangre; ambos serán cortados de entre su pueblo. **19** La desnudez de la hermana de tu madre, o de la hermana de tu padre, no descubrirás; porque al descubrir la desnudez de su parienta, su iniquidad llevarán. **20** Cualquiera que durmiere con la mujer del hermano de su padre, la desnudez del hermano de su padre descubrió; su pecado llevarán; morirán sin hijos. **21** Y el que tomare la mujer de su hermano, comete inmundicia; la desnudez de su hermano descubrió; sin hijos serán.

### Levítico 18:22-26 (RVR1960)
**22** No te echarás con varón como con mujer; es abominación. **23** Ni con ningún animal tendrás ayuntamiento amancillándote con él, ni mujer alguna se pondrá delante de animal para ayuntarse con él; es perversión. **24** En ninguna de estas cosas os amancillaréis; pues en todas estas cosas se han

corrompido las naciones que yo echo de delante de vosotros, **25** y la tierra fue contaminada; y yo visité su maldad sobre ella, y la tierra vomitó sus moradores. **26** Guardad, pues, vosotros mis estatutos y mis ordenanzas, y no hagáis ninguna de estas abominaciones, ni el natural ni el extranjero que mora entre vosotros.

**Deuteronomio 22:5** (RVR1960)
**5** No vestirá la mujer traje de hombre, ni el hombre vestirá ropa de mujer; porque abominación es a Jehová tu Dios cualquiera que esto hace.

**1 Corintios 6:18-19** (RVR1960)
**18** Huid de la fornicación. Cualquier otro pecado que el hombre cometa, está fuera del cuerpo; mas el que fornica, contra su propio cuerpo peca. **19** ¿O ignoráis que vuestro cuerpo es templo del Espíritu Santo, el cual está en vosotros, el cual tenéis de Dios, y que no sois vuestros?

**1 Corintios 6:12-20** (RVR1960)
Glorificad a Dios en vuestro cuerpo
**12** Todas las cosas me son lícitas, mas no todas convienen; todas las cosas me son lícitas, mas yo no me dejaré dominar de ninguna. **13** Las viandas para el vientre, y el vientre para las viandas; pero tanto al uno como a las otras destruirá Dios. Pero el cuerpo no es para la fornicación, sino para el Señor, y el Señor para el cuerpo. **14** Y Dios, que levantó al Señor, también a nosotros nos levantará con su poder. **15** ¿No sabéis que vuestros cuerpos son miembros de Cristo? ¿Quitaré, pues, los miembros de Cristo y los

haré miembros de una ramera? De ningún modo. **16** ¿O no sabéis que el que se une con una ramera, es un cuerpo con ella? Porque dice: Los dos serán una sola carne. **17** Pero el que se une al Señor, un espíritu es con él. **18** Huid de la fornicación. Cualquier otro pecado que el hombre cometa, está fuera del cuerpo; mas el que fornica, contra su propio cuerpo peca. **19** ¿O ignoráis que vuestro cuerpo es templo del Espíritu Santo, el cual está en vosotros, el cual tenéis de Dios, y que no sois vuestros? **20** Porque habéis sido comprados por precio; glorificad, pues, a Dios en vuestro cuerpo y en vuestro espíritu, los cuales son de Dios.

### Mateo 19:4-6 (RVR1960)
**4** Él, respondiendo, les dijo: ¿No habéis leído que el que los hizo al principio, varón y hembra los hizo, **5** y dijo: Por esto el hombre dejará padre y madre, y se unirá a su mujer, y los dos serán una sola carne? **6** Así que no son ya más dos, sino una sola carne; por tanto, lo que Dios juntó, no lo separe el hombre.

### 1 Corintios 7 (RVR1960) Matrimonio
**1** En cuanto a las cosas de que me escribisteis, bueno le sería al hombre no tocar mujer; **2** pero a causa de las fornicaciones, cada uno tenga su propia mujer, y cada una tenga su propio marido. **3** El marido cumpla con la mujer el deber conyugal, y asimismo la mujer con el marido. **4** La mujer no tiene potestad sobre su propio cuerpo, sino el marido; ni tampoco tiene el marido potestad sobre su propio cuerpo, sino la mujer. **5** No os neguéis el uno al otro, a no ser por algún tiempo de mutuo consentimiento, para

ocuparos sosegadamente en la oración; y volved a juntaros en uno, para que no os tiente Satanás a causa de vuestra incontinencia. **6** Mas esto digo por vía de concesión, no por mandamiento. **7** Quisiera más bien que todos los hombres fuesen como yo; pero cada uno tiene su propio don de Dios, uno a la verdad de un modo, y otro de otro. **8** Digo, pues, a los solteros y a las viudas, que bueno les fuera quedarse como yo; **9** pero si no tienen don de continencia, cásense, pues mejor es casarse que estarse quemando. **10** Pero a los que están unidos en matrimonio, mando, no yo, sino el Señor: Que la mujer no se separe del marido; **11** y si se separa, quédese sin casar, o reconcíliese con su marido; y que el marido no abandone a su mujer. **12** Y a los demás yo digo, no el Señor: Si algún hermano tiene mujer que no sea creyente, y ella consiente en vivir con él, no la abandone. **13** Y si una mujer tiene marido que no sea creyente, y él consiente en vivir con ella, no lo abandone. **14** Porque el marido incrédulo es santificado en la mujer, y la mujer incrédula en el marido; pues de otra manera vuestros hijos serían inmundos, mientras que ahora son santos. **15** Pero si el incrédulo se separa, sepárese; pues no está el hermano o la hermana sujeto a servidumbre en semejante caso, sino que a paz nos llamó Dios. **16** Porque ¿qué sabes tú, oh mujer, si quizá harás salvo a tu marido? ¿O qué sabes tú, oh marido, si quizá harás salva a tu mujer? **17** Pero cada uno como el Señor le repartió, y como Dios llamó a cada uno, así haga; esto ordeno en todas las iglesias. **18** ¿Fue llamado alguno siendo circunciso? Quédese circunciso. ¿Fue llamado alguno siendo incircunciso? No se circuncide. **19** La circuncisión nada es, y la incircuncisión nada es, sino el guardar los mandamientos de Dios. **20** Cada uno en el estado en que fue llamado, en él se quede. **21** ¿Fuiste llamado siendo esclavo? No te dé cuidado; pero también, si puedes hacerte libre, procúralo más. **22** Porque el que en el Señor fue llamado siendo esclavo, liberto es del Señor; asimismo el que fue llamado siendo libre, esclavo es de Cristo. **23** Por precio fuisteis comprados; no os hagáis esclavos de los hombres. **24** Cada uno, hermanos, en el estado en que fue llamado, así permanezca para con Dios. **25** En cuanto a las vírgenes no tengo mandamiento del Señor; mas doy mi parecer, como quien ha alcanzado misericordia del Señor para ser fiel. **26** Tengo, pues, esto por bueno a causa de la necesidad que apremia; que hará bien el hombre en quedarse como está. **27** ¿Estás ligado a mujer? No procures soltarte. ¿Estás libre de mujer? No procures casarte. **28** Mas también si te casas, no pecas; y si la doncella se casa, no peca; pero los tales tendrán aflicción de la carne, y yo os la quisiera evitar. **29** Pero esto digo, hermanos: que el tiempo es corto; resta, pues, que los que tienen esposa sean como si no la tuviesen; **30** y los que lloran, como si no llorasen; y los que se alegran, como si no se alegrasen; y los que compran, como si no poseyesen; **31** y los que disfrutan de este mundo, como si no lo disfrutasen; porque la apariencia de este mundo se pasa. **32** Quisiera, pues, que estuvieseis sin congoja. El soltero tiene cuidado de las cosas del Señor, de cómo agradar al Señor; **33** pero el casado tiene cuidado de las cosas del mundo, de cómo agradar a su mujer. **34** Hay asimismo diferencia entre la casada y la doncella. La doncella tiene cuidado de las cosas del Señor, para ser santa así en cuerpo como en espíritu; pero la casada tiene cuidado de las cosas del mundo, de cómo agradar a su marido. **35** Esto lo digo para vuestro provecho; no para tenderos lazo, sino para lo honesto y decente, y para que sin impedimento os acerquéis al Señor. **36** Pero si alguno piensa que es impropio para su hija virgen que pase ya de edad, y es necesario que así sea, haga lo que quiera, no peca; que se case. **37** Pero el que está firme en su corazón, sin tener necesidad, sino que es dueño de su propia voluntad, y ha resuelto en su corazón guardar a su hija virgen, bien hace. **38** De manera que el que la da en casamiento hace bien, y el que no la da en casamiento hace mejor. **39** La mujer casada está ligada por la ley mientras su marido vive; pero si su marido muriere, libre es para casarse con quien quiera, con tal que sea en el Señor. **40** Pero a mi juicio, más dichosa será si se quedare así; y pienso que también yo tengo el Espíritu de Dios.

# Información de Contacto

Si desea contactar a Venus Burton,
Ordenar copias adicionales de este libro, o programar
una conferencia, siéntase en libertad para enviar
un correo electrónico a Venus:
MyBeautyNMe@yahoo.com

Quiere ayudarme a alcanzar a otros que pudieran
estar atrapados, confundidos, perdidos o desean
obtener más información. Somos una Organización
501c3 sin fines de lucro exenta de impuestos.
Envíe sus donaciones a:
Beauty N' Me
P.O. Box 2711
Downey, CA 90242.
Todas las donaciones voluntarias son exentas,
deducibles de impuestos, y ¡son muy apreciadas!

Más Grandiosos Libros Para Leer
&
CDs Disponibles

Generations

A walk through time with the Apostle

DR. VICKI LEE

En la década de los 1890s, una joven mujer se amarró sus botas y marchó de estado en estado en lo Profundo del Sur de América, predicando el Evangelio en contra de todos los obstáculos, contra los peligros del racismo y sexismo religioso. Aunque conocía poco, su convicción inflexible prepararía el terreno para el camino de futuras generaciones de mujeres ministros en su linaje. Ciento treinta años después, llegó la Dra. Vicki Lee.

Actualmente la Dra. Vicki Lee es una Ministro muy bien reconocida en Los Angeles y marcadora de tendencias entre las mujeres en el Liderazgo Ministerial. Como fundadora y directora del **Ministerio Mundial Saints of Value (Santos de Valor)**, la Dra. Lee fue llamada a la oficina del Apostolado en 1981, con señales y prodigios tras confirmar su directiva. A la Dra. Lee le fue dado el mandato inusual de levantar y capacitar a otros llamados al ministerio. Unase a la Dra. Lee en este ungido viaje en donde sobresalen su historia, su vida, sus logros y mucho más. Las damas de la familia Lee pudieron haber cambiado el estilo de sus zapatos en el siglo pasado, pero nunca cambiaron su determinación.

Este libro está dedicado a cada mujer que camina sobre el polvo de esta tierra. ¡Este libro está diseñado para EDIFICARLA! Este es un libro que establecerá su femineidad en la que USTED ha sido especialmente creada desde el principio de la creación. Este libro certifica que USTED... que usted ha sido temerosa y maravillosamente formada... Este libro LE muestra... y usted sabrá sin ninguna sombra de duda que "Maravillosas" son ¡SUS obras!

**Nuestra Misión y Propósito**: Esta es una Organización en donde las mujeres pueden derramar sus emociones y compartir sus luchas.

Un lugar en donde pueden aprender cosas nuevas sobre la feminidad....

Un lugar en donde pueden sacar provecho de nuestra verdadera identidad...

Aprendiendo cómo construir una relación de hermandad pura, limpia y confiable...

Asimismo ayudamos a las mujeres con baja autoestima...

Un lugar en donde ayudamos a desarrollar los dones, los talentos y la feminidad.

Enseñamos sobre moda, cabello y maquillaje...

En el desfile de modas BNM es donde cada mujer puede caminar por la pasarela con honor y confianza...

Nos desarrollamos y ejercitamos... sintiéndonos confortables con sí mismas.

Nos reunimos con las damas, jóvenes o mayores, dondequiera que se encuentren en este caminar de la vida.

Tenemos una misión llamada **"Give One, Teach One"** (Da a Una, Enseña a Una) en donde las mujeres pueden donar voluntariamente cosas antiguas como un sombrero, un par de pantalones, zapatos y en agradecimiento "Belleza eN Mi" les obsequiará una falda, una bolsa... algo femenino para apoyar a nuestra hermana en el camino hacia su transformación.

Le invitamos a ser un patrocinador / donador y colaborador de esta visión para restaurar la comunidad de la feminidad.

¡Juntos trabajemos firmes! Para ayudar a retomar la "Belleza eN' Mi" en cada una que podamos.

# CD's Disponibles

**"Elevation"** *(Elevación)*
**¡El Lanzamiento del Nuevo CD viene pronto!**

# S. T. U. D.

## A Shared Testimony of Unashamed Deliverance!
## ¡Un Testimonio de Liberación Sin Reservas!

S.T.U.D. es la historia de una pequeña niña solitaria, que accidentalmente tomó un giro equivocado en la vida. Aislada y confundida muy temprano en la vida, la joven Venus llegó a creer que era algo que ella no era – cualquier cosa para llenar el tamaño del vacío de una madre, en su doloroso corazón. Hace tiempo, ella estaba completamente sumergida en un estilo de vida -- y era dueña de la noche.

Finalmente, la música resultó ser su salvación momentánea. Por el 2010 Venus mejor conocida como Rapero Booski Love, se había infiltrado en medio de la oscuridad de las cavernas del peligro, la lujuria y el poder artístico. Durante una década ella convivió con las estrellas de grupos de rap y apenas sobrevivió.

Más adelante en el 2010, en el pináculo de su carrera, Booski Love experimentó un cierto momento de claridad. Ella despertó de su aturdimiento y miró fijamente hacia la eternidad, donde contempló a su verdadero amor, esperándola con los brazos abiertos. Era Cristo Jesús, el que amaba su alma, y ella se dio cuenta de que El nunca se había ido de su lado. Booski Love murió ese día.

Ahora, la estrella de Venus resplandece, anunciando en toda la tierra el santo nombre de Cristo, conforme ella le da toda la gloria a Dios. Usted podrá leerlo en su historia y escucharlo en su música; sentirá de inmediato que Venus L. Burton se ha posicionado para una nueva etapa poderosa, una que cautiva la atención de la juventud actual. Es un nuevo día para Venus conforme ella cabalga sobre las alas del destino. Usted será fascinado con su trayectoria. "¡Bravo!" ¡dice con entusiasmo todo aquel que lee su historia!

Made in the USA
Monee, IL
19 April 2021

65046314R00085